Lunae Lumen

Oracle divinatoire
et shadow work

Illustrations : © Éva Pierrot.
Maquette et mise en pages :
Marie Brosseau — PCA-CMB.

ISBN : 978-2-84933-918-3

Imprimé en Chine.

www.editions-tredaniel.com
info@guytredaniel.fr
www.facebook.com/tredanieleso
@tredaniel_eso

Claire Duval
Illustré par Éva Pierrot

Lunae Lumen

Oracle divinatoire et shadow work

Éditions **CONTRE-DIRES**
19, rue Saint-Séverin
75005 Paris

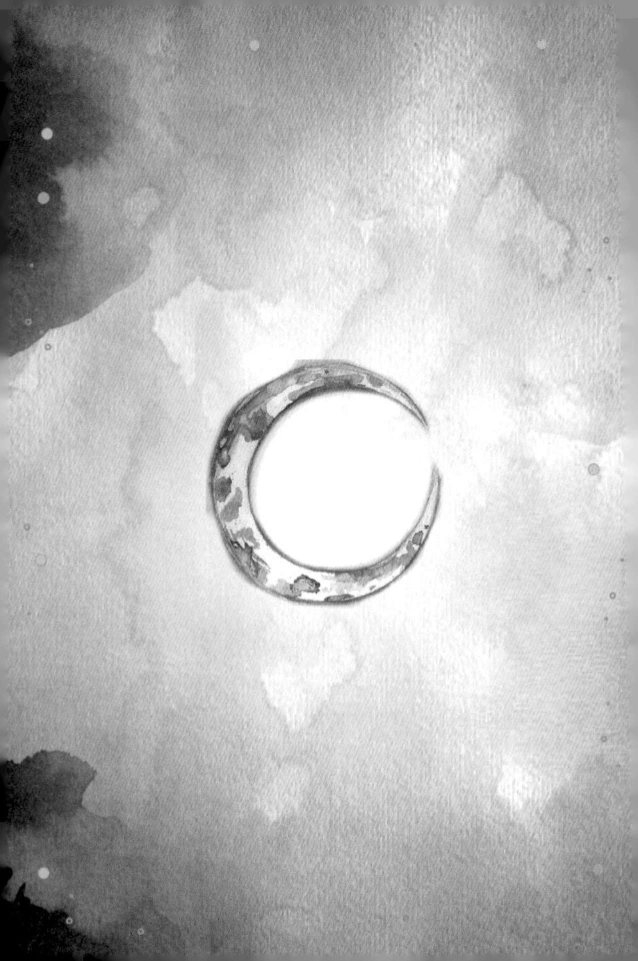

Sommaire

La famille des fantômes

L'apanthomancie

La voix des mythes, contes et histoires

Introduction : la cartomancie

Bien qu'inspiré par la cartomancie traditionnelle, l'oracle *Lunae Lumen* possède une personnalité unique. Ses quarante cartes ont été illustrées à la lumière de la lune et présentent des symboles qui par leur puissance vont activer à la fois ton intellect et ton intuition.

Tu trouveras dans ce livre des mots-clés pour chaque carte afin de t'aider dans ta lecture ainsi qu'une section spéciale pour les débutants avec des interprétations dans les grands domaines que sont l'amour, le travail et la spiritualité. Ne t'enferme pas dans ces significations, prends le temps d'observer les cartes et de noter les émotions et associations mentales qui te viennent à l'esprit.

Il permet aussi de voyager dans tes zones d'ombre et peut être utilisé pour un travail personnel de *shadow work* afin de mieux te connaître et t'accompagner dans ton évolution.

J'espère que ces cartes seront pour toi de précieuses alliées et qu'elles t'apporteront toute l'aide dont tu auras besoin dans les périodes de doutes et d'interrogation. Prends bien soin d'elles !

Structure de l'oracle *Lunae Lumen*

L'oracle *Lunae Lumen* est imprégné de la magie des nombres 1, 3 et 13. En effet, une carte unique et trois suites de treize cartes chacune le composent.

Symboliquement, le chiffre 1 représente l'unité, l'union et l'essence de toute chose. Le chiffre 3 est lié à la créativité, à la vérité et à l'inspiration. Le nombre 13 est celui de la magie, de la mort et de la renaissance.

La carte unique est un talisman imprégné de l'énergie puissante de l'astre lunaire. La première suite est celle des fantômes, de tes ancêtres et de ceux qui ont vécu avant toi.

La deuxième suite est celle de l'apanthomancie qui est la divination à travers les rencontres imprévues comme le faisaient nos ancêtres païens et enfin, la troisième est celle de la voix des mythes, des contes et histoires témoins de la sagesse des temps anciens.

Faire un rituel pour accueillir ton oracle

Tu peux l'effectuer à la réception de l'oracle ou attendre un soir de pleine lune. Installe-toi confortablement dans un endroit où tu ne seras pas dérangé. Prends les cartes dans les mains et regarde les illustrations une par une en posant le doigt sur chacune d'elles pour te lier à sa magie. Porte le paquet contre ton cœur, ferme les yeux et récite à voix haute :

« Que ces cartes m'apportent l'éclairage bienveillant de la lune, qu'elles servent le bon, le juste et le bien. »

Ouvre les yeux et ressens le lien qui s'est créé entre vous.

Propositions de tirages

Mantra de la nouvelle lune

Le mantra de la journée peut aussi être utilisé au moment de la nouvelle lune pour te donner le thème qui va t'accompagner pendant tout le cycle lunaire.

Tirage de la lune rouge

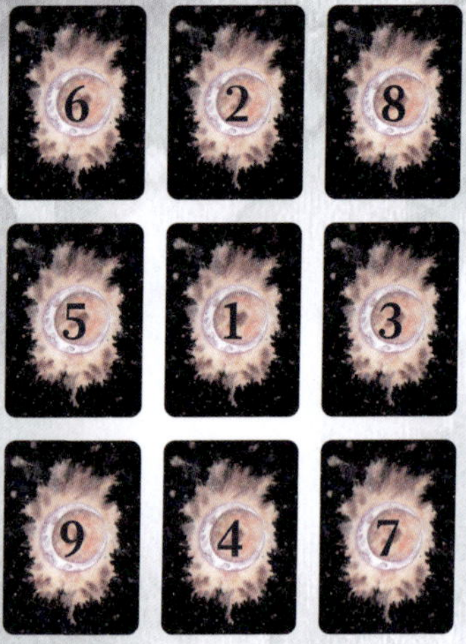

Ce tirage comprend 9 cartes.

Constitue un tableau de 3 colonnes de 3 cartes chacune dans l'ordre suivant :

Carte 1 : moi dans la situation.

Première colonne, cartes 6, 5 et 9 : le passé qui a influencé la situation.

Deuxième colonne, cartes 2, 1 et 4 : l'état des choses au moment présent.

Troisième colonne, cartes 8, 3 et 7 : le futur probable.

Ligne du haut, cartes 6, 2 et 8 : ce qui est connu sur la situation.

Ligne du milieu, cartes 5, 1 et 3 : les événements en cours.

Ligne du bas, cartes 9, 4 et 7 : ce qui est inconscient ou caché.

Tirage oui/non

Tire 9 cartes et dispose à gauche les cartes aux numéros impairs et à droite celles aux numéros pairs.

Le tas qui a le plus de cartes te donne la réponse. Si c'est celui des cartes aux numéros impairs, la réponse est négative, si c'est celui des cartes aux numéros pairs, la réponse est positive.

Tu peux avoir des informations sur le pourquoi de cette réponse en regardant les significations des cartes qui sont sorties dans le tas représentant ta réponse. Rappelle-toi que tout n'est pas gravé dans le marbre et que tu peux changer ton destin en mettant en œuvre ton libre arbitre. Par exemple, si tu changes ta façon d'agir ou de communiquer, l'issue pourrait être différente.

Tirage relationnel au clair de lune

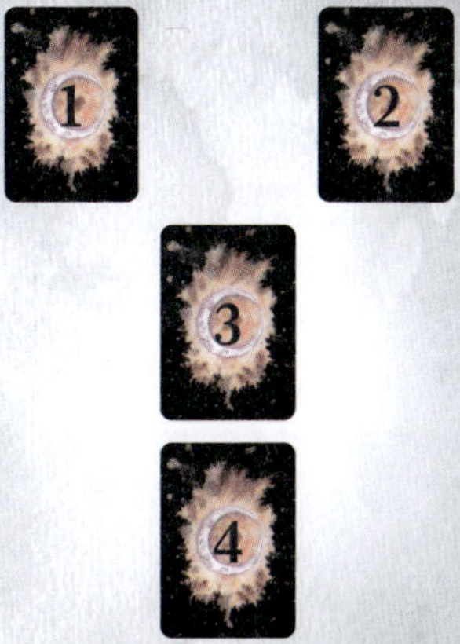

Carte 1 : Qui suis-je sans l'autre ?
Carte 2 : Qui l'autre est-il sans moi ?
Carte 3 : Qui sommes-nous ensemble ?
Carte 4 : Vers quel avenir nous dirigeons-nous ?

Tirage de la lune noire (shadow work)

C'est un tirage en 5 cartes qu'il est intéressant d'accompagner d'un travail de réflexion écrit.

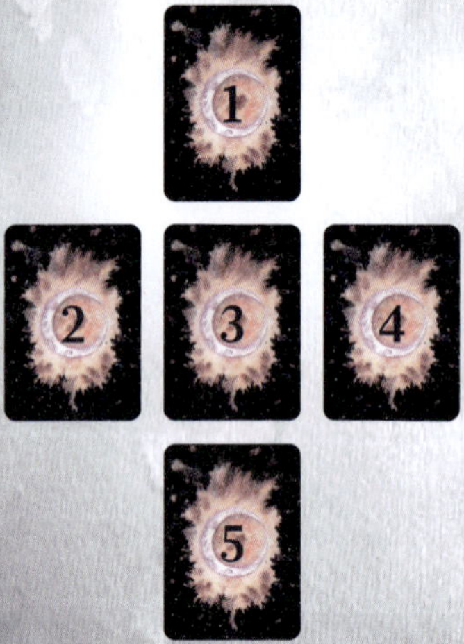

Carte 1 : moi dans ma problématique.
Cartes 2, 3 et 4 : mes conditionnements intérieurs.
Carte 5 : ce qu'il convient de faire, mes ressources cachées.

Pour chacune des cartes tirées, lis les mots-clés, le mantra et la question dans la partie « Shadow work » puis écris ce qui te vient spontanément.

Par exemple : en quoi la carte 1 te représente ; ce que les cartes 2, 3 et 4 racontent sur tes croyances et pensées automatiques ; et enfin, ce que la dernière carte éveille comme solutions ou ce qu'elle te désigne comme ressources latentes à activer.

Souvent, un tirage incompréhensible au début est celui qui t'apportera le plus de matière à terme. Surtout, ne te décourage pas, prends ton temps et fais-toi confiance.

Tirage exploratoire

Pour mieux te connaître, tire une carte et réponds à la question posée dans la partie « Shadow work ». Note les émotions qui remontent à sa lecture et écris ce qui te vient à l'esprit sans filtre. Si tu le souhaites, tu pourras ensuite revenir sur tes notes et les compléter.

Tu peux choisir un carnet que tu diviseras en 39 parties correspondant aux questions et petit à petit noter et compléter tes réflexions sur chaque carte.

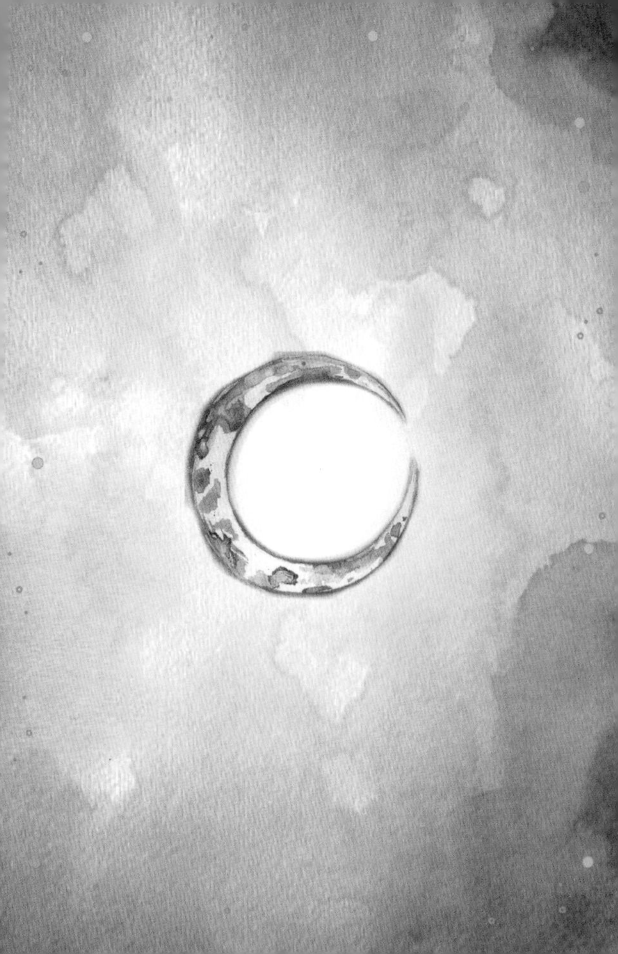

Lunae Lumen, la carte talisman

La carte Lunae Lumen n'a pas de numéro, elle représente la lumière bienveillante de la lune et elle apporte au consultant son effet protecteur.

C'est la carte la plus bénéfique du paquet, comme la carte bleue dans l'oracle Belline. Seule, elle annonce la réalisation des souhaits, la joie, le bonheur; en combinaison avec d'autres cartes, elle renforce celles qui sont positives et atténue les cartes sombres.

Elle indique aussi que tu es sous la protection d'un dieu ou d'une déesse lunaire. Cela peut être, par exemple, Luna, Diane ou Trivia du panthéon romain, l'Égyptien Khonsou ou bien Mani, le dieu nordique.

Tu peux méditer à la lumière de la lune ou juste te réserver un temps d'écoute au calme pour ressentir intuitivement sa présence subtile et reconnaître son nom.

La famille des fantômes

1 ✶ Les sentiments

Tous les deux, blottis l'un contre l'autre partageant un même cœur.

✶ Interprétations ✶

Amour et amitié

Si tu es célibataire, une belle rencontre pourrait avoir lieu. Ouvre ton cœur et prends le temps de mieux connaître les personnes qui t'entourent. Si tu es en couple, c'est le moment de sortir du train-train quotidien et de prendre du temps avec ton ou ta compagne afin de raviver ou renforcer vos sentiments. Parfois, c'est le signe qu'une amitié profonde et sincère est en train de naître.

Travail et activités

Ton travail te plaît et tu t'y épanouis. Tu comprends qu'aimer passionnément ce que tu fais est très important. Te satisfaire d'un travail alimentaire n'est pas vraiment une option satisfaisante. Tu as besoin d'un environnement humain sympathique pour te sentir bien dans tes activités. Pour toi, l'ambiance de l'équipe est plus importante que la nature des tâches à effectuer.

Spirituel

Tu es un être très spirituel et tu ressens très clairement le monde de l'au-delà. Te connecter à l'amour divin ou à tes guides est une source de soutien et de bien-être. Tu sais que tu n'es pas seul et qu'une source d'amour est toujours là pour toi. Rappelle-t'en à chaque fois que tu traverses un épisode de doute ou de frustration.

MOTS-CLÉS

Amour, amitié, partage, proximité affective, tendresse, relation apaisée, rencontre, sentiments, sincérité, amour divin.

Mantra pour la journée

« J'ouvre mon cœur
et je pose un regard aimant
sur mon entourage. »

Shadow work

Qu'est-ce que je risque à exprimer mes sentiments ? Qu'est-ce que je gagne à le faire ?

2 * L'attente

Assis sur un banc et sous
la lumière d'un réverbère,
fantôme, tu attends quelqu'un ?
Ou peut-être es-tu juste en train
de profiter du moment présent ?

* Interprétations *

Amour et amitié

Les choses ne se passent pas comme tu l'aurais souhaité, tu dois faire preuve de patience envers l'autre ou envers toi-même. Peut-être n'es-tu pas encore prêt à te dévoiler ou à faire confiance. Parfois, les sentiments ne sont pas partagés et il s'agit alors de tourner la page plutôt que de rester dans l'attente d'un changement.

Travail et activités

Ton travail n'est pas à la hauteur de tes ambitions, tu t'ennuies ou tu n'y prends plus aucun plaisir. Malheureusement, ce n'est pas le moment de tout bousculer, prends ton mal en patience et attends que les choses se présentent sous de meilleurs auspices. Le changement va arriver, mais pas tout de suite, cultive le détachement et un état d'esprit léger, cela t'aidera à bien vivre l'attente.

Spirituel

La contemplation ou la méditation sont particulièrement puissantes sur toi. Tu es capable d'apprécier l'instant présent dans toute sa simplicité, sans te projeter dans l'avenir ou ressasser le passé. Tu sais qu'il faut du temps pour bénéficier des effets d'une pratique spirituelle et que cela passe par des hauts et des bas.

MOTS-CLÉS

Pause, délai, patience, retard, traîner les pieds, immobilisation, manque de plaisir, méditation, contemplation, faire le vide.

Mantra pour la journée

« Je prends mon temps,
je suis patient. »

Shadow work

Comment est-ce que je vis les périodes d'attente ? Quelles sont les pensées qui me viennent ?

3 ⋆ Le départ

Le temps du départ est venu.
La nouveauté et l'avenir
attendent au bout du chemin.

⋆ Interprétations ⋆

Amour et amitié

Malgré toutes tes incertitudes, tu es prêt à te lancer dans une nouvelle relation. Ce qui importe n'en est pas l'issue, mais la richesse de ce que tu vas vivre. C'est parce que tu oses que tu grandis et que tu renforces ta capacité à aimer. Si tu es engagé dans une relation compliquée, il est urgent de faire le point pour recréer un lien plus sain ou y mettre fin.

Travail et activités

Il est temps de prendre des risques et d'accepter d'aller découvrir d'autres façons de faire. Que ce soit en changeant d'activité ou de façon de pratiquer. Sors de tes habitudes et lance-toi de nouveaux challenges sans chercher la sécurité à tout prix. Peut-être te sens-tu coincé dans une routine, mais il ne tient qu'à toi de faire preuve de créativité et d'en sortir.

Spirituel

C'est le moment d'élargir ta vision du sacré en allant découvrir d'autres croyances et pratiques. Ouvre-toi sans jugement et accepte de remettre en perspective ce en quoi tu crois et comment tu l'exprimes. Même dans le domaine spirituel, il est bon de rester ouvert et d'accepter de se remettre en question.

MOTS-CLÉS

Oser, se lancer, besoin de nouveauté, saut vers l'avenir, enthousiasme, désir d'autre chose, prendre des risques, nouveau départ, challenges.

Mantra pour la journée

« J'ose apporter de la nouveauté dans mon quotidien. »

Shadow work

À quels moments de ma vie ai-je dû ou voulu partir ? Quel impact cela a-t-il eu sur moi ?

4 ✶ Le guide

Tel un phare dans la nuit, la lampe
éclaire la côte pour guider
les marins dans la tempête.
Seront-ils capables de distinguer le petit
point de lumière au cœur de l'obscurité ?

✶ Interprétations ✶

Amour et amitié

Confie-toi à une personne de confiance afin de te soulager et te permettre d'avoir les idées plus claires sur ta situation amoureuse ou amicale. Un ou une amie pourrait être d'un grand soutien si tu traverses un épisode difficile dans ta vie. Il est aussi possible que tes guides t'envoient des signes pour t'éclairer, ouvre grand tes yeux et tes oreilles et fais-leur confiance.

Travail et activités

Tu as dans ton entourage une personne qui pourrait t'aider à démêler la situation dans laquelle tu te trouves. Accepter les conseils d'autrui, ce n'est pas être faible, mais faire preuve de sagesse. Ta valeur réside aussi dans ta capacité à reconnaître les ressources que tu as pour te guider. N'hésite pas à faire appel à un expert lorsque tu as besoin de connaissances que tu ne possèdes pas.

Spirituel

Ton guide est très présent en ce moment et il te communique son soutien et ses conseils à travers tes rêves, des impressions étranges et des synchronicités. Tu n'es pas seul, tu es aimé et guidé dans tout ce que tu entreprends, souviens-t'en. Tu peux essayer de visualiser ton guide lors d'une méditation, est-ce un saint, un dieu, une déesse, quelle est son apparence, vois-tu son visage ?

MOTS-CLÉS

Signe d'un guide, espoir, vision claire de la direction à prendre, aide providentielle, conseils avisés, synchronicités, besoin d'un coup de pouce, personne de confiance.

Mantra pour la journée

« Je suis attentif
aux signes de mes guides. »

Shadow work

Comment est-ce que je me sens lorsque j'ai besoin d'aide ? Qu'est-ce que cela révèle sur moi ?

5 ⋆ L'incertitude

J'effeuille une fleur telle une marguerite
en cherchant à sonder ton cœur.
Vais-je me rassurer ou planter
les graines du doute qui m'empêcheront
de vivre d'enrichissantes aventures ?

⋆ Interprétations ⋆

Amour et amitié

Ton esprit cherche à rassurer ton cœur sans grand succès. Tu rêves de certitude, mais ta vie amoureuse ou amicale reste floue et rien ne pourra t'apporter la tranquillité. C'est une période transitoire, cultive l'humour et laisse les choses se mettre en place, tu y verras plus clair bientôt. Une relation à l'issue incertaine n'en est pas moins enrichissante.

Travail et activités

Les résultats obtenus ne sont pas à la hauteur de ce que tu espérais, l'incertitude te ronge et tu ne sais pas quelles décisions prendre. Ne panique pas, reste concentré sur ta tâche et patiente jusqu'à ce que les événements t'apportent plus d'informations. Accueille ce moment de flottement avec philosophie, c'est ce que tu as de mieux à faire pour l'heure.

Spirituel

Tu doutes de tout, ta foi vacille et c'est tant mieux. Rien n'est pire qu'une croyance cristallisée et des vérités inébranlables. Chaque humain a sa façon de percevoir le mystérieux et il est bon de temps en temps de tout remettre à plat pour garder sa spiritualité vivante. Considère cette crise comme salutaire, tu en ressortiras plus aligné.

MOTS-CLÉS

Doute, anxiété face à l'avenir, perplexité, besoin de savoir, fébrilité, stress, incertitudes, angoisse existentielle, situation floue, crise de foi.

Mantra pour la journée

« Plutôt que d'angoisser sur l'avenir, je profite du moment présent. »

Shadow work

Suis-je à l'aise avec l'idée de vivre dans l'incertitude ? En quoi cela m'affecte-t-il ?

6 * L'absence

Assis sur une branche
dans une belle forêt, je pense
à ceux qui me manquent tant.
Ami rossignol,
viens chanter ma tristesse.

* Interprétations *

Amour et amitié

Il y a un vide dans ta vie, tu te sens seul et tu ne sais pas comment combler ce manque. Une personne que tu as aimée ou que tu aimes encore te manque terriblement et tu restes comme figé dans l'attente de son retour. Tu as le droit d'être triste, laisse couler tes larmes. Demain sera plus doux.

Travail et activités

Tu ressens un manque dans ton activité. Cela peut être une personne pour t'aider, une responsabilité, plus de liberté ou bien de la reconnaissance. À toi de voir s'il est possible de combler ce vide dans le même environnement ou s'il est plus sage d'en changer. Il est aussi possible que tu doives t'absenter pour te former ou prendre soin de ta santé, par exemple.

Spirituel

Le monde de l'au-delà communique avec toi. Tes ancêtres t'envoient des signes, guident tes pas et t'épaulent lorsque tu en as besoin. Aucun être cher disparu n'est véritablement absent : son corps n'est plus, mais son âme, son énergie et son amour te resteront à jamais attachés, tu pourras toujours te réchauffer à la flamme de son cœur.

MOTS-CLÉS

Absence, sensation de manque, présence invisible, vide, tristesse, deuil, communication avec le monde derrière les voiles.

Mantra pour la journée

« Je me remplis de tout l'amour
que j'ai reçu jusqu'à présent
et cela m'apaise. »

Shadow work

Y a-t-il des personnes qui me manquent ? Quelles pensées et émotions ai-je en pensant à eux ?

7 ✶ La sensibilité

La musique ne parle pas à la tête,
mais au cœur et à l'âme.
Subtilement, elle fait vibrer tout l'être
et l'ouvre au monde des émotions.
Alors, ce qui était caché se révèle
et ce qui était bloqué s'exprime enfin.

✶ Interprétations ✶

Amour et amitié

Ta sensibilité est particulièrement développée, tu es capable d'empathie et de compassion. Tu es apprécié, ton amitié et ton amour sont précieux. Si tu es hypersensible, garde-toi des fréquentations qui puisent en toi leur énergie, te laissant exténué et fragilisé. Ta sensibilité est un don que tu dois protéger.

Travail et activités

Grâce à tes qualités d'âme, tu es capable d'insuffler une très belle énergie dans tes projets. L'univers te soutient et favorise tes entreprises. Si tu y ajoutes travail et organisation, rien alors ne pourra t'arrêter et tes rêves prendront forme. Prends en compte ta sensibilité dans le choix des environnements dans lesquels tu souhaites travailler, qu'elle soit pour toi un atout plutôt qu'un frein.

Spirituel

La musique de l'âme chante à ton oreille, tu perçois toute la beauté de l'existence et tu es capable de vibrer à l'unisson avec le moment présent. Tu as une compréhension au-delà des mots et du mental de la vie et cela te permet d'aimer ce qui est, sans jugement.

Tu mets ta sensibilité au service de la spiritualité et tu as la capacité à distinguer certaines réalités voilées.

MOTS-CLÉS

Sensibilité, empathie, compassion, émotions, intuition, délicatesse, âme, musicothérapie, musicien, artiste.

Mantra pour la journée

« Je fais preuve de compassion et de douceur envers moi-même. »

Shadow work

Qu'est-ce qu'être sensible ? Qu'est-ce que cela apporte ?

8 ⋆ La peur

Tremble de peur !
Je hante le ciel tourmenté,
effrayant ceux qui lèvent
les yeux vers moi.

⋆ Interprétations ⋆

Amour et amitié

Tu ne te sens pas en sécurité dans une relation ou, de façon plus générale, tu redoutes l'intimité. Il est possible que tu sabotes inconsciemment tes relations pour ne pas avoir à affronter certains échos du passé qui t'effrayent. N'hésite pas à chercher de l'aide extérieure pour te sortir de ce cercle vicieux. Parfois, la relation te fait peur à raison et il est plus sage d'y mettre un terme.

Travail et activités

Tes activités te préoccupent, tu as peur de ne pas avoir les épaules ou les compétences pour réussir. Une pause te serait salutaire pour analyser la situation de façon objective. Pourquoi ne pas demander un avis extérieur ? Tes peurs sont-elles fondées ? As-tu un moyen de diminuer les risques de ton entreprise ?

Spirituel

La peur de te tromper ou de ne pas tout maîtriser t'empêche de lâcher prise et d'écouter les messages et savoirs spirituels auxquels tu as accès. Il est aussi possible que d'anciennes croyances ou superstitions te freinent. Garde-toi des mauvaises influences, fais-toi confiance et écoute ton cœur, il saura te guider.

MOTS-CLÉS

Peur, tracas, soucis, anxiété, panique, angoisse, esprit agité, besoin de sécurité intérieure, cauchemars, sentiment de danger.

Mantra pour la journée

« Ma peur me protège,
mais ne me contrôle pas. »

Shadow work

Qu'est-ce que je ferais si j'avais moins de peurs ?

9 ⋆ La rencontre

Le thé est servi, les lampions nous
éclairent de leur douce lumière.
Quel plaisir de passer
ce moment ensemble !

⋆ Interprétations ⋆

Amour et amitié

C'est le moment de te sociabiliser, car tu pourrais bien faire de belles rencontres qui se transformeront en de précieuses relations, qu'elles soient amicales ou amoureuses. Sors, prends plaisir à partager du temps en bonne compagnie et laisse-toi porter par ce que la vie te propose. Qu'elle soit agréable ou non, une rencontre est toujours l'occasion d'en apprendre plus sur soi.

Travail et activités

Tu as besoin de partager tes projets avec d'autres personnes, soit pour qu'elles apportent leur expertise, soit pour te soutenir. Tu n'es pas seul et l'échange peut t'aider à y voir plus clair.

Si tu as envie d'entamer une collaboration, c'est le bon moment. Cherche une personne ayant la même passion et des compétences complémentaires aux tiennes.

Spirituel

Les échanges et les rencontres sont facilités, cela te permettra de te sentir entouré dans ta pratique spirituelle, mais aussi de passer des moments agréables en compagnie de gens qui partagent ta vision. Peut-être est-il temps pour toi de rejoindre un groupe pour apprendre ou échanger sur la spiritualité.

MOTS-CLÉS

Rencontre, sociabilité, coopération, échange, partage, mettre cartes sur table, collaboration, lieu public.

Mantra pour la journée

« Je me réjouis de la compagnie de mes semblables. »

Shadow work

Quelles fragilités personnelles se manifestent lorsque je suis en société ? Quelles pensées me viennent ? Sont-elles justifiées ?

10 ⁎ La protection

Viens te blottir contre moi
et t'abriter de l'orage qui gronde.
Tu n'es pas seul.

⁎ Interprétations ⁎

Amour et amitié

Il y a dans la relation une complicité qui permet à chacun de protéger l'autre lorsqu'il en a besoin. Peut-être est-ce à toi de prendre soin de ton ou ta partenaire, ou alors est-ce le moment pour toi de bénéficier de son appui pour te sentir en sécurité. Il est important de préserver un équilibre et que chacun contribue à sa façon au sentiment de sécurité au sein de la relation.

Travail et activités

Tu pourrais profiter ou tu bénéficies déjà d'une protection dans tes entreprises. Cela peut être une personne ayant des outils ou un statut que tu ne possèdes pas ou plus expérimentée que toi. Si tu ne vois pas de qui il s'agit, il pourrait être intéressant de l'identifier pour que sa protection soit plus effective.

Spirituel

L'univers veille sur toi et met à ta disposition des moyens pratiques pour que tu te sentes protégé. Un ange, un guide spirituel te suit de très près, tu n'as rien à craindre, il te suffit de lui accorder ta confiance et de profiter de ce qui t'est proposé par son intermédiaire. Plus tu te connectes avec ton guide, plus tu ressens sa protection et plus tu seras capable de surmonter les épreuves ou défis.

MOTS-CLÉS

Protection, aide bienvenue, appui, solidarité, soutien, complicité, relation équilibrée, ange gardien, confiance mutuelle.

Mantra pour la journée

« Je ne suis pas seul,
je peux demander de l'aide. »

Shadow work

Suis-je à l'aise avec l'idée d'avoir besoin de protection ? Qu'est-ce que cela révèle sur mon histoire personnelle ?

11 ⋆ La connexion

Petit pont, tu rapproches
ce qui a été divisé ou éloigné,
Et en rassemblant, tu rends
au monde sa complétude.

⋆ Interprétations ⋆

Amour et amitié

Cette carte parle de ta capacité à découvrir le monde de l'autre dans toute sa diversité. Elle t'invite à faire le premier pas et à être ouvert pour mieux le connaître. C'est la même chose dans les relations de longue date, vous avez changé et il est grand temps de vous redécouvrir. Cela prendra du temps et de l'énergie, mais en vaudra largement la peine.

Travail et activités

C'est le bon moment pour chercher des contacts, des collaborateurs ou des environnements nouveaux afin de mener à bien tes projets. La période est idéale pour changer de poste ou commencer une reconversion. Regarde autour de toi les possibilités que tu as soit d'élargir tes compétences soit de changer complètement d'univers.

Spirituel

Ton lien avec le monde spirituel se renforce. Il est possible que tu éprouves une plus grande envie de méditer, de prier ou que tu réfléchisses à partir en pèlerinage. Tu as plus confiance en toi et cela te permet d'affiner tes ressentis. Si tu pratiques la projection astrale, ta pratique sera facilitée et tes voyages très riches.

MOTS-CLÉS

Pont, connexion, passage, changement d'univers, relier, reprendre contact, raccommoder une relation, ouverture, pèlerinage, rassembler.

Mantra pour la journée

« J'élargis mon univers, je suis curieux du monde des autres. »

Shadow work

Quand ai-je pris l'initiative de faire le premier pas ? Quels en ont été les avantages ?

12 * Le message

Une lettre est là pour dire,
Le meilleur ou parfois le pire.

* Interprétations *

Amour et amitié

Tu vas peut-être recevoir prochainement des nouvelles d'une personne qui t'est chère ou d'une vieille connaissance. La carte indique aussi que les gens auxquels tu tiens ont besoin de recevoir des marques d'attention. Pense à leur envoyer de temps en temps des petits messages, même anodins. Parfois, la carte te questionne sur tes comportements, sont-ils adaptés aux messages que tu souhaites faire passer ?

Travail et activités

Une information ou une demande importante est en chemin ou devrait l'être. Ne procrastine pas dans tes démarches administratives, règle tes affaires sans tarder et attends-toi à ce que les autres en fassent de même. Tu as besoin d'affiner ta stratégie de communication pour que tes messages soient mieux compris et entendus.

Spirituel

Si tu souhaites communiquer avec un ancêtre, tu peux écrire une jolie lettre dans laquelle tu exposes ta situation et tes interrogations ou tout simplement ton amour pour lui. Ensuite, trouve un endroit tranquille pour la brûler ou l'enterrer et ferme les yeux. Entends-tu sa réponse ? Le monde spirituel communique de multiples façons, à toi d'en repérer et décrypter les messages.

MOTS-CLÉS

Lettre, message, nouvelles, marques d'attention, écrire, informations, démarches administratives, facture, proposition commerciale, relevé de compte.

Mantra pour la journée

« J'offre des marques d'attention à ceux auxquels je tiens. »

Shadow work

Comment est-ce que je montre mon amour ou ma considération ? Est-ce efficace ?

13 ⋆ La famille

La famille, bonheur contrarié
ou bonheur rapproché ?

⋆ Interprétations ⋆

Amour et amitié

Si tu cherches l'amour, il se peut que ce soit surtout l'idée d'avoir un foyer qui te motive. Si tu es en couple, ta famille compte beaucoup et la carte est de bon augure si tu souhaites l'agrandir. Parfois, la carte indique que ta famille interfère trop dans tes relations amicales ou amoureuses. Prends un peu de distance par rapport à elle et coupe le cordon avec douceur.

Travail et activités

Ne sacrifie pas ta vie familiale au profit de ta vie professionnelle. À l'inverse, ne passe pas à côté d'opportunités par culpabilité envers ta famille. Trouve le juste équilibre pour t'épanouir. Ta famille est peut-être impliquée directement ou indirectement dans tes activités et c'est le moment d'évaluer si c'est, ou non, une bonne chose.

Spirituel

Faire partie d'une lignée spirituelle est important pour toi. Tu as besoin de sentir la richesse d'un héritage historique. Si tu n'as jamais pris le temps de réfléchir à quelle famille tu appartiens, c'est le moment de rechercher tes pairs. Si tu en as envie, tu peux contacter un groupe ou une communauté pour t'y intégrer.

MOTS-CLÉS

Famille de sang, famille de cœur, foyer, ascendants, descendants, poids ou soutien familial, groupe spirituel, communauté, coven.

Mantra pour la journée

« Je prends conscience
de l'importance de la famille de sang
ou de cœur à laquelle j'appartiens. »

Shadow work

En quoi ma famille a-t-elle façonné une partie de ma personnalité ?

L'apanthomancie

14 ✶ La direction

Au lièvre blanc, je demande
le chemin à prendre.
Le lièvre toujours a ma confiance
pour faire le meilleur choix.

✶ Interprétations ✶

Amour et amitié

Tu as un choix à faire et tu hésites. La décision que tu vas prendre va avoir une grande influence sur ton futur. Si tu cherches l'amour, mets-y les moyens et favorise les rencontres pour trouver l'élu de ton cœur. Si ta question concerne une relation, il est possible que tu te sentes un peu perdu et que tu hésites. Calme ton esprit et écoute ton cœur.

Travail et activités

Tu es à la croisée des chemins et tu te poses la question de ce qu'il est le plus judicieux de faire. Le moment est venu de faire confiance à ton instinct sans trop intellectualiser la situation, car tu dois prendre une décision rapidement. Écoute les messages de ton corps lorsque tu envisages les différentes possibilités avant de t'engager dans une direction.

Spirituel

Tu as confiance en ton intuition. Tes yeux et tes oreilles sont à l'affût des signes, tu prends en compte les messages que la nature t'envoie et les synchronicités pour prendre tes décisions et cela te réussit plutôt bien. Si ce n'est pas encore le cas, tu peux décider de développer ce don pour mieux comprendre ton chemin de vie.

MOTS-CLÉS

Direction, choix, décision rapide, croisée des chemins, moment décisif, s'en remettre à son intuition pour se diriger, chemin à prendre.

Mantra pour la journée

« Je suis mon instinct
pour me diriger. »

Shadow work

Comment est-ce que je prends mes décisions ? Dans quelles circonstances cette façon de faire a-t-elle eu des limites ?

15 * L'indépendance

Libre et indépendant, petit chat
blanc profite de l'obscurité.
Quel bonheur que de flâner
en parcourant la ville.

* Interprétations *

Amour et amitié

Ton indépendance ou celle de l'autre est ressentie comme un manque de sentiment et tu en souffres. Il est important pour chacun d'expliquer ce dont il a besoin et de s'ouvrir à ce que l'autre désire. Attention toutefois à ne pas confondre indépendance et égoïsme ni amour et dépendance. Il est aussi possible que tu aies plus besoin de liberté que d'une relation durable pour le moment.

Travail et activités

Tu as besoin de liberté et d'autonomie dans tes projets. Les structures trop rigides t'étouffent et tu ne t'y épanouis pas. Tu peux t'adapter à différents environnements, mais il est vital que tu gardes un espace de liberté où t'exprimer. Tu pourrais t'épanouir dans un travail indépendant ou si tu es employé, il est probable que tu sois plus efficace et heureux en télétravail.

Spirituel

Tu n'es pas à l'aise lorsqu'il s'agit de croire ou de pratiquer en suivant des codes très rigides. Tu préfères te construire une pratique personnelle, quitte à mélanger plusieurs traditions en fonction de ce qui t'inspire. Si tu cherches à rejoindre un groupe formel, tu as des chances de t'y sentir à l'étroit.

Garde toujours à l'esprit ce besoin d'indépendance pour conserver ton authenticité.

MOTS-CLÉS

Indépendance, liberté, autonomie, chemin personnel, originalité, pensée libre, outsider, fuir les environnements trop rigides, égoïsme, égocentrisme.

Mantra pour la journée

« Je suis libre et indépendant. »

Shadow work

Que représente la liberté pour moi ? Quand l'ai-je expérimentée ? Est-ce que cela a été confortable ?

16 ✶ La réussite

Un petit trésor
de perles et de coquillages
rassemblé sur la plage.
Son propriétaire saura-t-il
se féliciter de ses trouvailles ?

✶ Interprétations ✶

Amour et amitié

Les auspices sont favorables en amour et en amitié. Tu peux te dévoiler sans crainte et montrer la belle personne que tu es. Sauras-tu reconnaître la perle dans le cœur de l'autre et la préciosité de votre relation ? Peut-être est-il temps pour toi de définir ce qu'est une vie amoureuse réussie, indépendamment des habitudes et pressions sociales.

Travail et activités

La réussite est à portée de main, il ne te reste qu'à cueillir les fruits de tes efforts et à en profiter.

Ton application paie enfin et tu commences à recevoir les récompenses de ton travail. Tu réalises ce dont tu es capable et tu peux être fier de toi. N'attends pas la reconnaissance d'autrui, commence par reconnaître tes réussites et t'en féliciter.

Spirituel

Alors que tu ressens plus fortement ton appartenance au tout, tu comprends non seulement que tu es précieux, mais aussi qu'il en est de même pour tout ce qui t'entoure. Tu connais la valeur du vivant, car tu perçois sous le voile de la matière son aspect spirituel. Tu te sens aligné et calme, le simple fait d'être vivant t'apporte de la satisfaction.

MOTS-CLÉS

Réussite, succès mérité, récompense, réalisation, rencontre heureuse, triomphe, victoire, fierté pour le travail accompli, satisfaction, calme.

Mantra pour la journée

« Je sais célébrer mes victoires, petites ou grandes. »

Shadow work

Quels sont mes critères de réussite personnelle ? M'apportent-ils une motivation ou me freinent-ils ?

17 ⋆ La perspective

Accrochée la tête en bas,
chauve-souris, tu observes le monde.
De cette vision inversée, distingues-tu
ce qui échappe aux autres ?

⋆ Interprétations ⋆

Amour et amitié

En matière de sentiment, il est urgent de sortir du tumulte émotionnel et de faire un pas de côté pour observer ce qui se passe vraiment. Tes pensées sont-elles le reflet de la réalité objective ou bien est-ce une projection de tes expériences passées et de tes peurs ? Ne prends pas de décision avant de t'être calmé.

Travail et activités

Une mise en perspective et une vue d'ensemble pourraient t'apporter une compréhension nouvelle de ton travail. Il pourrait être intéressant de demander son avis à quelqu'un de neutre et bienveillant avant de prendre une décision définitive. Tu es un outsider et tu apportes un œil et un avis originaux sur les projets et situations.

Spirituel

Tu es capable de voir à travers les yeux de l'esprit et cela te permet de comprendre le sens de ce qui se produit autour de toi et dans le monde. Tes capacités extrasensorielles sont très développées et tu es d'excellent conseil. Tu t'intéresses à différents courants spirituels et tu es d'une grande tolérance, tu sais reconnaître la transmission de sagesse au-delà des formes qu'elle prend.

MOTS-CLÉS

Perspective, point de vue différent, vision, besoin ou capacité à prendre du recul, considérer tous les aspects d'une situation, œil novateur, voir au-delà des apparences.

Mantra pour la journée

« Je mets en perspective
tout ce qui se produit
en moi et autour de moi. »

Shadow work

Qu'est-ce qui me permet de prendre du recul dans les moments de tension ? Est-ce efficace ?

18 * Le danger

Un serpent et une rose, l'un dont
la morsure est dangereuse et l'autre
dont les épines blessent. Sauras-tu
les respecter pour en éviter la blessure ?

* Interprétations *

Amour et amitié

Attention à ne pas foncer tête baissée dans une relation qui pourrait se révéler destructrice.
Choisis bien les personnes à qui tu donnes ton cœur, les relations les plus séduisantes de prime abord ne sont pas toujours les plus saines. Pense à te protéger physiquement et psychologiquement. À l'inverse, ne te surprotège pas et reconnais lorsqu'il est temps d'ouvrir ton cœur.

Travail et activités

Tu joues avec le feu et prends des décisions hâtives sans bien analyser au préalable les dangers potentiels. Cela pourrait au mieux retarder tes projets et au pire te mettre en difficulté. Mesure les risques et cherche un moyen soit de les contourner soit de diminuer leur impact. La bonne gestion de risque fait partie des compétences qui te seront nécessaires si tu souhaites te lancer en tant qu'indépendant.

Spirituel

Attention à ne pas te réfugier dans la spiritualité pour échapper aux problèmes du quotidien. Tu es un être incarné, ne l'oublie pas. Vérifie que les personnes et organismes qui t'accompagnent sur ton chemin spirituel sont bien intentionnés et que tu n'es pas manipulé par de charmants discours. Prends toujours le temps d'étudier avec soin les avertissements de tes amis.

MOTS-CLÉS

Inconséquence, inconscience, menace, risque inutile, préjudice, péril, se placer dans des situations délicates, besoin d'évaluer les dangers potentiels, de respecter ses limites et celles des autres.

Mantra pour la journée

« J'évalue ce qui me menace
et je me préserve du danger. »

Shadow work

À quels dangers ai-je eu à faire face? Comment m'en suis-je sorti? Qu'ai-je appris?

19 ⋆ L'interdépendance

Un fil pour amoureusement
les créer, un fil pour les diriger,
un fil pour les attacher tous
et leurs existences entre-lier.

⋆ Interprétations ⋆

Amour et amitié

L'état de la relation ne dépend pas que de toi, celle-ci est aussi impactée par les actes, paroles et pensées de l'autre. Pour la rétablir, il faudra que vous vous y investissiez tous les deux. Si tu cherches l'amour, prends en compte l'influence de ta famille et de tes amis pour améliorer tes chances de succès. Attention aux liens toxiques, différencie bien l'amour de la dépendance. Ne tombe pas dans le piège des manipulateurs.

Travail et activités

Ton activité dépend de l'implication et des actes d'autres personnes que toi. Si tu négliges l'impact de ton environnement, tu réduis tes chances de réussite. À l'inverse, il est possible qu'une aide précieuse arrive, ce qui te facilite grandement la tâche. L'interdépendance se révèle parfois être une force, car des alliés ayant les mêmes intérêts que toi pourraient te soutenir.

Spirituel

Tu te sens profondément lié à tout ce qui existe. Tu ne fais qu'un avec le monde naturel et il est probable que le travail avec le petit peuple te fascine. Les pratiques chamaniques t'attirent ainsi que toutes les activités magiques en lien avec la nature. Si tu habites en ville, pense à te réserver du temps pour te ressourcer dans des jardins ou des forêts.

MOTS-CLÉS

*Interdépendance, lien,
faire partie d'un tout,
dépendance, enchaînement,
servitude, manipulation,
importance de l'environnement,
tout ne dépend pas de soi.*

Mantra pour la journée

« Je distingue clairement l'impact de l'environnement sur ma vie et je le prends en compte. »

Shadow work

Quand ai-je expérimenté l'appartenance à un groupe de personnes dépendantes les unes des autres ? Comment l'ai-je vécu ?

20 ⋆ Le lâcher-prise

Peu m'importe où ils me mènent,
je me laisse porter sans résister.
Les courants marins sont
mes meilleurs amis.

⋆ Interprétations ⋆

Amour et amitié

Tu laisses de côté tes exigences de perfection dans tes relations amoureuses ou amicales et tu apprécies plutôt ce qu'elles t'apportent. Tu t'abandonnes à l'autre. Si tu es célibataire, ne cherche pas à tout prix l'âme sœur, profite plutôt des petits bonheurs du quotidien avec les gens qui te sont chers et avec ceux qui t'apportent de la joie.

Travail et activités

C'est le moment de desserrer les dents et de lâcher prise sur ce qui est ou adviendra. Relâche la pression vis-à-vis de toi et de tes collaborateurs et fais ce que tu as à faire en respectant tes limites et en acceptant celles des autres. Tu n'es peut-être pas pleinement satisfait de ton travail, mais ruminer n'avance à rien, détache-toi de tes attentes pour l'instant.

Spirituel

Les pratiques de méditation axées sur l'appréciation toute simple du moment présent te font du bien. Tu sors de la roue des désirs et tu acceptes ce qui se produit avec curiosité et sans jugement. Ta vie est plus facile lorsque tu es dans cet état. N'hésite pas à faire des exercices de centrage et de lâcher-prise lorsque tu as besoin de soutien.

MOTS-CLÉS

Lâcher prise, abandonner l'idée de tout contrôler, se détacher du résultat, s'abandonner, relâcher la pression, être plus doux et tolérant avec soi et les autres.

Mantra pour la journée

« Je me concentre sur ce que j'ai à faire et je me détache du résultat. »

Shadow work

Quels sont les trois adjectifs qui me viennent spontanément lorsque j'entends « lâcher prise » ? Pourquoi ?

21 * La structure

Quelle merveille de géométrie
que ce flocon de neige !
La nature est une grande
mathématicienne.

* Interprétations *

Amour et amitié

Ta vie sociale ou amoureuse est parfaitement organisée. Tu préfères la rassurante institution du mariage à l'union libre et d'ailleurs cette carte en est parfois le présage. Toi, ton ou ta partenaire avez peut-être tendance à vouloir tout rationaliser et contrôler, ce qui est étouffant et risque de faire éclater la relation. Il est urgent d'en discuter calmement et de trouver un juste équilibre.

Travail et activités

Tous tes efforts paient enfin et un bel avenir se profile. Tu sais ce que tu veux, comment l'obtenir et de qui t'entourer pour réussir. La gestion de projet ne te fait pas peur et tu y es particulièrement efficace. Tu es apprécié pour ton sens de l'organisation. Si tu te lances dans quelque chose de nouveau, n'hésite pas à prendre le temps de bien structurer ton projet.

Spirituel

Tu as besoin d'une pratique structurée. Les rituels et la pratique régulière te permettent de progresser dans tes ressentis et intuitions. L'utilisation de journaux ou de grimoires dans lesquels tu notes tes expériences stabilise ta pratique et la rend plus effective. L'écriture te permet de coucher et d'organiser tes pensées, elle est d'une grande aide pour le travail de l'ombre.

MOTS-CLÉS

Structure, réalisation, organisation, mise en place, règles, normes, lois des hommes ou lois de la nature, gestion, mathématiques, logique.

Mantra pour la journée

« Je réfléchis à ce qu'une meilleure organisation pourrait m'apporter. »

Shadow work

À quelle occasion ai-je souffert d'un environnement trop ou pas assez structuré à mon goût ? Qu'est-ce que cela a réveillé en moi ?

22 * L'obsession

Elle n'a de cesse de revenir
et de harceler le sujet de son désir.
Rien ne la fera lâcher prise.
Tant qu'elle n'aura pas
obtenu satisfaction, la tenace
mouche ne s'arrêtera pas.

* Interprétations *

Amour et amitié

Si tu es célibataire, tu es complètement obsédé par le fait de trouver l'âme sœur. Le risque est que tu passes à côté de ta vie et paradoxalement cela t'empêche de voir les opportunités de rencontres qui se présentent. En amour ou en amitié, tu es trop focalisé sur l'autre et tu l'étouffes. Laisse-lui un peu d'espace et profite de moments agréables seul ou avec d'autres personnes.

Travail et activités

Lorsque tu veux quelque chose, rien ne t'arrête. Ta ténacité est tout à ton honneur et elle paie souvent. Néanmoins, lorsque rien ne se passe comme tu le prévois, il est bon de faire un point pour revoir tes objectifs ou ta façon de les atteindre. Est-ce que cela en vaut vraiment la peine ? Un temps de repos te permettra de retrouver de l'énergie et de la clarté mentale.

Spirituel

Tu abordes ta spiritualité comme une compétence à atteindre, tu t'acharnes pour maîtriser une technique et les résultats arrivent trop lentement à ton goût. Détends-toi et rappelle-toi qu'en termes de spiritualité, ce n'est pas le résultat qui compte, mais le chemin que tu empruntes. Il est aussi possible que ta part divine te stimule pour t'inciter à comprendre un message spirituel qui t'est envoyé.

MOTS-CLÉS

Ténacité, volonté de réussir, esprit fort, pensées obsessionnelles, idée fixe, acharnement, ne pas savoir s'arrêter ou abandonner lorsque c'est plus sage.

Mantra pour la journée

« Avant de m'acharner,
je me pose la question de savoir
si cela en vaut la peine. »

Shadow work

Ai-je des pensées qui me reviennent régulièrement ? Qu'est-ce qui les déclenche ?

23 * La visite

Le tonnerre gronde telle
la cloche du porche.
Qui viendra aujourd'hui
franchir ma porte ?

* Interprétations *

Amour et amitié

La carte évoque une visite ou une rencontre inattendue. Cela peut être le retour d'une ancienne relation ou alors la venue d'un ou une inconnue qui va se révéler important. La visite peut être agréable ou s'avérer déplaisante, cela dépendra des tirages. Néanmoins, pour les célibataires, elle est très souvent de bon augure.

Travail et activités

Au niveau professionnel, l'arrivée d'un nouveau collègue ou responsable est possible. Il aura de l'impact sur ta situation ou ta façon de travailler. Sois réactif lorsque cela se produira, tiens-toi prêt à la fois à défendre tes intérêts et à profiter des opportunités que cela pourrait générer. Si tu es indépendant, la carte peut représenter un client ou alors un créancier selon les tirages.

Spirituel

Il est probable que tu fasses une rencontre avec le petit peuple si tu y es sensible ou que tu reçoives la visite d'une divinité, d'un ancêtre ou d'un guide cette nuit. Sois attentif à l'étrange, aux signes et à tout ce qui pourrait te faire venir une pensée insolite. Ce sera une visite ponctuelle ou le début d'un accompagnement plus durable.

MOTS-CLÉS

Visite importante, rencontre qui aura de l'impact, arrivée inattendue, retour d'une personne du passé, nouvelle équipe de travail, la magie frappe à la porte.

Mantra pour la journée

« J'accueille l'inattendu avec joie. »

Shadow work

Ma porte est-elle ouverte aux visites inattendues ? Pourquoi ?

24 * Le bonheur

Deux pies sur ton chemin,
mon ami, ce n'est pas dur,
Deux pies sur ton chemin,
c'est le bonheur pour sûr !

* Interprétations *

Amour et amitié

La carte des deux pies est excellente dans les domaines sentimentaux. Elle annonce le bien-être, la détente et le bonheur. Ton cœur est rempli de douceur, d'amour et tu reçois en retour l'affection à laquelle tu aspires. Parfois, elle évoque aussi le doux plaisir d'une solitude choisie, profites-en pour te retrouver et te chouchouter.

Travail et activités

Peu importe l'environnement dans lequel tu évolues, tu sais trouver les moyens pour te réaliser. En fonction des situations, la carte peut aussi indiquer un nouveau travail épanouissant, une mission passionnante ou une activité dans laquelle tu te sens bien. C'est aussi le bon moment pour faire un bilan sur tes activités et voir comment elles pourraient contribuer à ton bonheur.

Spirituel

La spiritualité est une composante importante de ta vie. Tu lui réserves du temps et à chaque fois que tu t'y consacres, tu en ressors épanoui et le sourire aux lèvres. Tu trouves le bonheur dans une pratique qui te convient parfaitement. Ne laisse personne te détourner de cette voie, car elle constitue une source de bien-être inépuisable.

MOTS-CLÉS

*Bonheur, félicité,
sentiment de satisfaction,
paix intérieure, détente,
idéal, se sentir bien,
épanouissement personnel.*

Mantra pour la journée

« Je trouve dans le quotidien
des graines de bonheur. »

Shadow work

Qu'est-ce qui m'apporte du bonheur et de la satisfaction ? Quels besoins personnels est-ce que cela remplit ?

25 * L'abondance

Un petit nid bien rempli,
d'abondance est le présage.
Bienheureux sois-tu pour
cette excellente rencontre.

* Interprétations *

Amour et amitié

Une période faste au niveau relationnel s'annonce. Ton cœur est rempli d'amour et tu es capable à la fois d'en donner et d'en recevoir. Ne résiste pas, apaise tes doutes et complexes et laisse-toi aimer. Une relation gagne en profondeur et t'apporte énormément. La période est aussi particulièrement favorable si tu as des désirs d'enfant.

Travail et activités

L'abondance est là et elle peut prendre de multiples visages. Outre l'aspect financier, elle peut aussi annoncer de nouveaux clients, un poste très intéressant, une reconnaissance de ta valeur et de tes mérites en tant que professionnel. Détends-toi et profite de cette période faste pour consolider ta confiance en toi et en tes compétences.

Spirituel

Tu es particulièrement sensible au monde du mystère et cela est grisant. Non seulement tes ressentis se sont affinés, mais tu comprends aussi bien mieux les pratiques qui te conviennent. Le chant de l'univers résonne en toi et tu l'écoutes avec émerveillement. Cet alignement t'apporte aussi ses bienfaits dans ta vie de tous les jours.

MOTS-CLÉS

Profusion, opulence, fertilité, richesse émotionnelle, entrée d'argent, vie riche et bien remplie, sentiment de plénitude, satisfaction matérielle.

Mantra pour la journée

« Je recherche la véritable abondance, celle qui m'emplit d'une joie durable. »

Shadow work

Me suis-je déjà senti dans l'abondance ? Suis-je à l'aise avec l'idée d'avoir ou de recevoir beaucoup ?

26 * Le cadeau

Ô, un joli bouton d'or,
un petit soleil en fleur !
Un cadeau bientôt on t'offrira.

* Interprétations *

Amour et amitié

La carte du cadeau peut évoquer un cadeau donné ou reçu d'une personne chère à ton cœur et cela ensoleillera ta journée. D'une façon plus générale, elle évoque un cadeau de la vie. Cela peut être une rencontre, une réconciliation ou une période de bonheur avec l'être aimé. C'est toujours une excellente carte, attends-toi à une agréable surprise !

Travail et activités

Parfois, il faut travailler dur pour obtenir ce que l'on veut et parfois, tout se débloque sans que l'on ait rien fait. Profite de ce cadeau pour faire avancer tes projets, car il semblerait que l'univers souhaite te donner un coup de pouce. Il est aussi possible que la carte annonce une gratification ou une petite augmentation de salaire.

Spirituel

Quel cadeau as-tu reçu du monde spirituel ? Sauras-tu l'identifier et en avoir de la reconnaissance ? Parfois, il s'agit de petites choses qui sont passées inaperçues, mais qui ont, en fait, une grande importance. Peut-être pourrais-tu commencer un journal de gratitude pour noter chaque soir ou chaque fin de semaine ce pour quoi tu es reconnaissant ?

MOTS-CLÉS

Cadeau, don, surprise plaisante, gratification, bonheur inespéré, journée agréable, réconciliation, tout finit par s'arranger, coup de pouce inattendu.

Mantra pour la journée

« J'éprouve de la gratitude
pour ce qui m'est offert chaque jour. »

Shadow work

Est-ce que je préfère offrir ou recevoir des cadeaux ? Pourquoi ?

La voix des mythes, contes et histoires

27 * La destinée

Princesse, à 16 ans au rouet,
tu te piqueras
Et cent ans tu dormiras.

Inspiré de *La Belle au bois dormant*,
conte de Charles Perrault.

* Interprétations *

Amour et amitié

Certaines rencontres sont prédestinées. Ce sont souvent des âmes sœurs qui se trouvent de nouveau sur ton chemin pour terminer ce qui a été entamé dans une vie précédente. Cela ne signifie pas que les relations dureront toute la vie ni qu'elles seront agréables, mais plutôt que quelque chose est resté inachevé et doit se poursuivre jusqu'à atteindre son terme.

Travail et activités

Quelle que soit la situation dans laquelle tu te trouves, qu'elle soit agréable ou frustrante, sache qu'elle est de l'ordre de la destinée. Parfois, elle correspond à une épreuve à passer pour que tu puisses grandir ou alors, dans les cas les plus agréables, à une rétribution en rapport à des actes passés. Quoi qu'il en soit, tu as, pour l'instant, peu de prise sur le présent ou le futur.

Spirituel

Accepter sa destinée est difficile lorsqu'elle est marquée par des événements douloureux. Il est alors normal de ressentir un sentiment de profonde injustice et de révolte. Certaines âmes s'incarnent avec une mission ambitieuse et prévoient de faire en une seule vie ce que d'autres effectuent en plusieurs vies. Garde courage et aie foi en tes capacités.

MOTS-CLÉS

Destinée, destin, fatalité,
ce qui ne peut être changé,
accepter l'inéducable, sort,
se résigner, les Parques.

Mantra pour la journée

« Je m'en remets au divin
et accepte ma destinée. »

Shadow work

Quand est-ce que le fait de croire ou ne pas croire en la destinée m'a-t-il freiné ?

28 ⋆ L'innocence

Joyeuse et intrépide enfant,
Dans les bois,
quelle aventure t'attend ?

Inspiré du *Petit Chaperon rouge*,
conte traditionnel européen.

⋆ Interprétations ⋆

Amour et amitié

Comme il est bon de laisser ton petit cœur d'enfant parler. Que ce soit en amitié ou en amour, tu apprécies les relations légères, simples et insouciantes. Profites-en pleinement lorsque cela est possible, mais sache que ce n'est pas toujours le cas et qu'alors, il vaut mieux garder tes distances pour ne pas te faire dévorer !

Travail et activités

Avant de foncer droit dans la gueule du loup, prends un temps pour réfléchir à une stratégie adéquate et au bien-fondé de tes actions. Le monde du travail peut parfois être cruel et tu as besoin de t'endurcir pour y naviguer en toute sécurité. Ne t'en veux pas si tu as été trop naïf, avec le temps, tu vas apprendre à te défendre.

Spirituel

En gardant un esprit d'enfant, curieux et confiant, tu crées un lien authentique avec le monde spirituel. Le domaine de la magie t'attire particulièrement et tu y trouves un grand soutien. Laisse les autres en penser ce qu'ils veulent, c'est ton jardin secret et il est précieux. Parfois, la carte indique aussi qu'il faut te méfier des soi-disant prophètes ou médiums qui ne servent que leurs propres intérêts.

MOTS-CLÉS

Insouciance, innocence, enfant, inconséquence, naïveté, légèreté, folie, fragilité, sentiments véritables, vulnérabilité.

Mantra pour la journée

« J'ai besoin de légèreté,
je choisis la légèreté ! »

Shadow work

Qui serais-je si j'étais plus insouciant ? Comment est-ce que je me comporterais ? Quels en seraient les bénéfices et les risques ?

29 * Les souhaits

Quels sont tes souhaits, jeune ami ?
Réfléchis, ils pourraient
bien se réaliser...

Inspiré d'*Aladin*,
conte traditionnel arabo-perse.

* Interprétations *

Amour et amitié

Tu rêves d'amour et il se pourrait bien que la vie réponde à ton appel. Maintiens ton esprit ouvert, mais ne te précipite pas sur la première occasion qui se présente, garde un esprit critique. Si tu es en couple, il est temps de communiquer pour rallumer la flamme du désir entre vous. Mets les moyens pour réaliser tes rêves, ils en valent la peine.

Travail et activités

Ton cerveau est en ébullition, tu as plein d'idées et tu rêves d'un brillant avenir. C'est le premier pas vers de grandes réalisations et si tu y ajoutes de l'organisation, un peu de sueur et de la persévérance, toutes les chances seront de ton côté. Guette les opportunités qui se présentent et fonce, tes souhaits ont été entendus et les choses se mettent en place pour les réaliser.

Spirituel

Si la vie te pèse en ce moment, sache que tu n'es pas seul et que même s'il ne fait pas disparaître tous les obstacles, le divin te soutient à chacun de tes pas. Formule clairement tes désirs les plus chers et attends-toi à recevoir un coup de pouce. Peut-être est-ce le moment de réaliser un rituel où tu notes tes rêves sur de petits papiers pour les mettre dans une jolie boîte spécialement choisie afin de faciliter leur réalisation.

MOTS-CLÉS

Envie, souhait, rêve, rêverie, imagination fertile, désirs, fantasmes, les idées se bousculent, romantisme, vivre dans sa tête.

Mantra pour la journée

« J'ose rêver, je façonne
ma réalité à partir de mes rêves. »

Shadow work

Quels sont mes souhaits les plus chers ? Qu'est-ce qu'ils m'apporteraient ? Qu'est-ce que je perdrais en retour ?

30 ⋆ L'identité

Par mon soulier de verre,
il me reconnaîtra,
Mais saura-t-il qui je suis si,
pieds nus, je m'en vais ?

Inspiré de *Cendrillon ou la petite pantoufle de vair*, conte de Charles Perrault.

⋆ Interprétations ⋆

Amour et amitié

Les gens qui comptent pour toi savent qui tu es et t'aiment véritablement. Tu peux te détendre et être authentique dans tes relations. Il n'est pas nécessaire d'être parfait pour être apprécié, personne ne l'est. Tu sais reconnaître tes véritables amis et les accepter sans les juger. Si tu cherches l'amour, aie confiance, vous saurez vous reconnaître.

Travail et activités

Tu es reconnu à ta juste valeur, les autres voient clairement ce que tu apportes dans ton travail. Si tu as ta propre activité ou que tu recherches un emploi, il est indispensable que tu réfléchisses à ton identité, à tes particularités afin de les mettre en avant et de communiquer dessus. Avoir une image en cohérence avec tes valeurs et ta façon d'être est très important.

Spirituel

Tu es unique, tu as de la valeur et tu n'as rien besoin de faire en particulier pour être soutenu par le divin. Où que tu sois et quoi que tu traverses, il trouvera toujours un moyen d'être à tes côtés. C'est le moment de t'en remettre à lui. En fonction de ton histoire ou de tes racines, il est possible qu'une déesse ou un dieu spécifique soit particulièrement proche de toi en ce moment.

MOTS-CLÉS

Identité, accepter de s'exposer, reconnaissance, être authentique, savoir qui l'on est, avoir sa place, savoir reconnaître ses véritables amis.

Mantra pour la journée

« J'ai plaisir à découvrir de nouveaux aspects de ma personnalité. »

Shadow work

Quelles sont les croyances que j'ai sur mes qualités et mes défauts ? Est-ce toujours vrai ?

31 * Le poison

Une pomme, rouge et tentante,
Un poison puissant à neutraliser.

Inspiré de *Blanche Neige*,
conte des frères Grimm.

* Interprétations *

Amour et amitié

Des non-dits empoisonnent ta relation et cela ne fera que s'aggraver avec le temps. Il est temps de percer l'abcès et d'échanger pour assainir la situation. Peut-être qu'une tierce personne agit dans l'ombre pour saper la relation et profiter de votre mésentente. Cherche parmi ton entourage qui pourrait y trouver du bénéfice.

Travail et activités

La situation est délicate et l'ambiance toxique. Il est urgent d'identifier ce qui pose problème : est-ce lié à une personne particulière ou à des choses que tu n'as pas prises en compte ? Une analyse approfondie de la situation devrait te permettre de te tirer de ce mauvais pas. Ne laisse pas pourrir la situation, traite les problèmes au fur et à mesure.

Spirituel

Attention aux personnes qui, sous couvert de spiritualité, cherchent à te mettre sous emprise. De même, certaines pratiques, comme la pensée positive, peuvent se révéler culpabilisantes et toxiques lorsqu'elles sont pratiquées sans nuance. Ne te mets pas la pression, ne culpabilise pas, l'important est ce qui se passe dans ton cœur.

MOTS-CLÉS

Ambiance toxique, non-dits, situation empoisonnée, personne néfaste, secrets qui pèsent sur une relation ou une situation, acte mal intentionné, besoin de se méfier.

Mantra pour la journée

« Je me protège
de la toxicité ambiante. »

Shadow work

Quelles sont les pensées qui m'empoisonnent et me limitent ?

32 ✶ L'astuce

Poule rousse a plus
d'un tour dans son sac.
Gourmand renard, méfie-toi !

Inspiré par *La Petite Poule rousse*,
conte irlandais.

✶ Interprétations ✶

Amour et amitié

Parce que tu as été blessé autrefois, tu as du mal à faire confiance et tu restes sur tes gardes. Tu peines à t'investir pleinement dans tes relations, ouvrir ton cœur te paraît trop dangereux. Tu es bien plus fort que tu ne le penses, lâche prise et prends le risque de t'abandonner. Si c'est l'autre qui est dans cet état d'esprit, cela sera à toi de l'aider à se détendre et à se livrer.

Travail et activités

Tu vas devoir faire preuve d'astuce pour que tout fonctionne comme tu le désires. Cherche les chemins détournés, protège tes arrières et sois prudent dans le choix de tes partenaires ou alliés. Si la situation te paraît compliquée, n'hésite pas à prendre le temps d'élaborer une stratégie claire et précise avant de te lancer. Ta réussite n'en sera que plus valorisante.

Spirituel

Il est possible qu'inconsciemment, tu te laisses trop influencer par ce que font les autres. Sois plus fidèle à toi-même, cherche ce qui a du sens pour toi et n'aie pas peur de suivre ton propre chemin. C'est à toi de découvrir la pratique qui te convient le mieux pour te connecter à ton essence et ta sagesse intérieure. Cela prendra peut-être du temps, mais il aura été bien investi.

MOTS-CLÉS

Astuce, roublardise, malice, intelligence, trouver un moyen de s'en sortir, avoir confiance en ses ressources.

Mantra pour la journée

« Je souris, car j'ai confiance
en mon intelligence
et en ma capacité à m'en sortir. »

Shadow work

Ai-je déjà emprunté des chemins détournés pour m'en sortir ? Qu'ai-je appris en ayant choisi de le faire ou non ?

33 ✶ Les apparences

Jolie grenouille, je t'embrasse.
Oh, un charmant prince était
caché sous ta verte peau !

Inspiré par *Le Roi grenouille*,
conte des frères Grimm.

✶ Interprétations ✶

Amour et amitié

Ne te fie pas aux apparences. Vois plus loin que ce qui t'est montré, au-delà des mots et des comportements. Tu as à découvrir ce qui est caché et qui te permettra de mieux comprendre l'autre. Ensuite, tu seras plus à même de décider de l'issue de la relation. Il est temps de te dévoiler et de montrer la personne formidable que tu es.

Travail et activités

Méfie-toi, car tout n'est pas comme il y paraît. Il se pourrait bien que tu distingues mal ce que cache la situation et que tu sois déçu. À l'inverse, tu te fais peut-être une mauvaise opinion d'une proposition qui pourrait se révéler finalement très intéressante. Les apparences sont trompeuses et tu dois gratter la surface pour y voir plus clair.

Spirituel

Tu distingues à travers chaque création de la nature l'œuvre du divin. Tu as un profond respect pour la vie et tu ne perds jamais une occasion de t'émerveiller de ce qui t'entoure. Pour toi, matière et spiritualité ne sont pas à mettre en opposition, elles sont indissociables. Tu pourrais trouver un écho à tes propres ressentis dans la philosophie des religions animistes.

MOTS-CLÉS

Faux-semblants,
aller voir derrière les apparences,
beauté intérieure, superficialité,
caché derrière un masque,
bonne surprise.

Mantra pour la journée

« Je vois au-delà des apparences. »

Shadow work

Quels masques est-ce que je porte en famille ou en société ? Qui suis-je derrière le masque ?

34 * L'isolement

Protégée par cette haute tour,
Suis-je vraiment en sécurité ?

Inspiré de *Rapunzel*,
conte populaire allemand.

* Interprétations *

Amour et amitié

Tu souffres de la solitude et en même temps, tu ne te sens pas assez sûr de toi pour aller vers les autres. Tu t'enfermes petit à petit pour te protéger. N'attends pas que quelqu'un vienne te délivrer, tu as la force de t'en sortir et de t'ouvrir au monde. Si tu es très sollicité actuellement, la carte peut aussi signifier que tu as besoin de t'isoler un moment pour te retrouver.

Travail et activités

Que tu travailles en équipe ou seul, tu ressens un profond sentiment de solitude. Tu as peut-être l'impression de devoir tout faire et de ne pouvoir compter sur personne. C'est le bon moment pour apprendre à déléguer et à partager tes problèmes. Bien sûr, tout ne sera pas fait exactement comme tu l'aurais voulu, mais tu y trouveras la richesse de partager et tu te sentiras allégé.

Spirituel

C'est dans la retraite et l'isolement que tu trouves ta voie vers le divin. Une pratique solitaire t'apporte la liberté de choisir et de ne pas justifier tes croyances. Néanmoins, tu pourrais aussi trouver de l'intérêt à échanger avec des personnes pour qui la spiritualité est importante. À travers ces échanges, tu apprendrais, mais aussi transmettrais ton savoir et ton expérience.

MOTS-CLÉS

Isolement, exclusion volontaire ou non, se retirer, se sentir seul, s'enfermer pour se protéger, envie d'évasion.

Mantra pour la journée

« J'expérimente et je note
les bienfaits de la solitude. »

Shadow work

Quand me suis-je senti exclu ? Comment l'ai-je vécu ? Quelles croyances sur moi ai-je enregistrées à ce sujet ? Est-ce juste ?

35 * La fragilité

Enfant en détresse,
Qui viendra prendre soin de toi ?

Inspiré de *La Petite Fille aux allumettes*,
conte de Hans Christian Andersen.

* Interprétations *

Amour et amitié

Peut-être t'es-tu senti rejeté ou abandonné et cela t'a profondément blessé. Que cela ait eu lieu récemment ou dans ton enfance, cela te freine et impacte ta capacité à te mettre en relation. Prends bien soin de la partie de l'enfant que tu as été et qui est toujours présent en toi. Parle-lui, quels mots d'amour aimerais-tu lui offrir en tant qu'adulte ?

Travail et activités

Tu es dans une période compliquée qui te fait te sentir impuissant. Tu désespères de trouver ta juste place ou des solutions à tes problèmes. Pour l'instant, tout ne dépend pas de toi et tu dois t'en remettre au bon vouloir des autres. N'aie pas peur de demander de l'aide, que ce soit pour travailler sur tes peurs, reprendre courage ou pour t'aider concrètement à réaliser tes projets.

Spirituel

Il est normal de passer par des périodes de doute, surtout lorsque la vie te demande de te dépasser. Sache que si elle te propose un gros défi, peu importe le domaine, c'est qu'elle a confiance en ta capacité à le relever. Tu es important, tu es aimé et tu vas t'en sortir. Parfois aussi, il s'agit tout simplement de t'en remettre au divin et de garder la foi.

MOTS-CLÉS

Fragilité, précarité, faiblesse, enfant intérieur, sentiment d'impuissance, dépendance, détresse, besoin d'aide.

Mantra pour la journée

« Je prends soin des besoins de mon enfant intérieur. »

Shadow work

Qui suis-je lorsque je me sens fragile ? Comment est-ce que je me comporte ? Est-ce bénéfique pour moi ?

36 ⋆ L'espoir

Rose enchantée, témoin
de mon infime espoir,
Qu'un jour l'amour véritable
lèvera la malédiction.

Inspiré de *La Belle et la Bête*,
conte populaire.

⋆ Interprétations ⋆

Amour et amitié

Tu espères qu'une relation importante à tes yeux se transformera en un lien plus profond et durable, mais pour l'instant, tout reste à faire. Il y a, en effet, une possibilité d'issue positive, mais pas encore de certitude. Tu rêves d'une belle rencontre, mais tu n'oses plus y croire. Ne désespère pas, tout arrive en son temps.

Travail et activités

Tu aspires à une activité plus en phase avec tes désirs et tes capacités. Peut-être veux-tu mettre en valeur de nouvelles compétences ou alors lever le pied pour prendre soin de toi. Tu as l'espoir d'une vie meilleure et il est possible, mais pas encore certain, que tes vœux se réalisent. Sois bien clair sur tes projets, sur ce que tu attends et garde confiance.

Spirituel

Si l'espérance a été longtemps vue comme une vertu théologique, c'est qu'elle relie directement l'homme au divin. Espérer, c'est accepter de se confronter aux désillusions terrestres. Avoir de l'espérance, c'est s'en remettre aux principes supérieurs et voir en soi bien plus que l'être incarné. Quelle que soit la religion, l'espérance va de pair avec l'inspiration mystique.

MOTS-CLÉS

Espoir, attente, aspiration, perspective d'une issue positive, désir, espérance, projet, envie d'une vie meilleure.

⋆ Mantra pour la journée ⋆

« En toutes circonstances,
je garde espoir. »

⋆ Shadow work ⋆

Quand ai-je été découragé ? Qu'est-ce que cela aurait changé si j'avais gardé espoir ?

37 * Le sacrifice

D'une partie de moi je fais le deuil,
Pour que mes rêves puissent se réaliser.

Inspiré par *La Petite Sirène*,
conte de Hans Christian Andersen.

* Interprétations *

Amour et amitié

Chaque relation exige une part de sacrifice, que ce soit en termes de temps, de comportement ou de liberté. Il est donc important d'être au clair avec ce que tu es prêt à abandonner pour l'autre et si cela a un sens pour toi. Le terme « sacrifice » implique la notion de justesse, d'équilibre, de respect de soi et de l'autre. L'idée n'est pas de devenir victime mais, au contraire, d'affirmer ton caractère.

Travail et activités

Il faut parfois renoncer à certaines choses pour réussir. En revanche, il est important d'évaluer le prix de ce sacrifice et de décider s'il en vaut la peine ou non. C'est le moment de revoir tes priorités, de réfléchir à ce qui est important et d'investir du temps, de l'énergie et de l'argent dans ce qui a véritablement du sens.

Spirituel

La voie spirituelle implique un investissement et de la régularité. Il est souvent nécessaire de sacrifier des envies immédiates pour pouvoir prendre le temps de pratiquer et s'investir véritablement dans la relation avec le divin. L'idée n'est pas de culpabiliser, mais plutôt de trouver ta propre voie pour que tu aies envie de pratiquer sur le long terme.

MOTS-CLÉS

Renonciation, sacrifice, être prêt à payer le prix, abandonner une chose pour en obtenir une autre, se priver pour réussir, payer de sa personne.

Mantra pour la journée

« Je sais mettre le prix quand une chose en vaut la peine. »

Shadow work

Pour qui ou quoi suis-je prêt à me sacrifier ? Pourquoi ?

38 ⋆ La joie

Oh, quelle joie de trouver
ma juste place,
Être heureuse et apporter
du bonheur autour de moi.

Inspiré de *Bougie de suif*,
conte de Hans Christian Andersen.

⋆ Interprétations ⋆

Amour et amitié

Il n'y a pas de plus grande joie que celle de la rencontre et du partage. Tout est en place pour que tu puisses profiter de bons moments en excellente compagnie. Profite de chacun d'eux avec intensité, ne te laisse pas parasiter par des pensées négatives ou par l'anticipation anxieuse : demain est un autre jour ! Savoure le moment présent, rigole et réjouis-toi, car la vie est belle !

Travail et activités

Prendre du plaisir dans une activité ou son travail, n'est-ce pas l'idéal ? C'est peut-être le moment de faire une pause et de penser à ce qui te met en joie ? Comment faire en sorte de t'épanouir et de retrouver du plaisir dans ton activité ? Parfois, il s'agit juste de changer de perspective ou de lâcher prise. Cherche, la chance est avec toi et une solution est à portée de main.

Spirituel

Tu as compris qu'une spiritualité sans joie n'a pas de sens. La régularité et l'engagement ne sont possibles que si la pratique t'apporte de la satisfaction et un sentiment profond de complétude. Se sentir en lien avec le divin en soi et en toute chose réchauffe le cœur et donne un sens au quotidien. La joie est au cœur d'une spiritualité véritable.

MOTS-CLÉS

Joie, plaisir, complétude, contentement, chaleur, trouver sa place, avoir un but, donner un sens à sa vie.

Mantra pour la journée

« Je me focalise
sur des pensées joyeuses. »

Shadow work

Quand et dans quelles circonstances me suis-je senti joyeux ? Quels sont les facteurs communs à ces différents moments de ma vie ?

The End

39 ⁎ La fin

Toute chose a une fin.
Ami, il est l'heure de tourner la page.

⁎ Interprétations ⁎

Amour et amitié

La relation se termine et tu as du mal à lâcher prise. Il est possible que tu te sentes submergé par les émotions et que des tas de pensées, parfois contradictoires, t'envahissent. C'est normal, même si physiquement il est facile de se séparer, cela prend plus de temps pour se retrouver et panser ses blessures. Si tu te poses la question de l'avenir d'une relation, il serait plus sage de ne pas trop t'y investir.

Travail et activités

Il est temps de tourner la page. Inutile de t'accrocher, la situation ne ferait qu'empirer. Si tu attends une évolution dans ton activité, il est probable qu'elle arrive sous la forme d'un changement radical. Le temps est à l'acceptation de la fin d'une période pour laisser la place à la nouveauté. C'est souvent douloureux, même si à terme, cette fin peut se révéler être une excellente nouvelle.

Spirituel

En spiritualité, la fin évoque souvent le questionnement sur la mort, sur son sens et sur la douleur qu'elle engendre pour ceux qui restent. Il est possible que ce soit un sujet sur lequel tu réfléchis en ce moment ou qu'il serait judicieux que tu explores à la lumière de ta foi. Tu pourrais commencer un journal pour noter tes réflexions sur ce sujet.

MOTS-CLÉS

Fin, arrêt, devoir tourner la page, accepter de passer à autre chose, faire le deuil, terminer un chapitre pour pouvoir en commencer un autre.

Mantra pour la journée

« Je me débarrasse
de ce qui n'a plus de sens. »

Shadow work

La mort a-t-elle un sens ? Est-il important de le connaître ?

À propos de Claire Duval

Claire Duval est une autrice, artiste et créatrice spécialiste des tarots et oracles. Passionnée par l'occultisme, l'ésotérisme et le *shadow work*, elle partage depuis 2014 ses connaissances et sa passion sur sa chaîne YouTube @ClaireDeLaLune. Ses oracles et tarots sont axés sur la reconnexion au merveilleux, sur le bien-être et la guérison de l'âme. Claire vit en Savoie (France) avec son compagnon et son chat magicien Ryze.

Retrouve-la sur :
@ClaireDeLaLune
@claire.de.la.lune.cartes

Autres ouvrages de Claire Duval

Le Petit Oracle des fées, illustrations de Célia Melesville, éditions Contre-Dires, 2018.

Le Petit Oracle des couleurs, illustrations de Célia Melesville, éditions Contre-Dires, 2018.

Le Petit Oracle des animaux de pouvoir, illustrations de Célia Melesville, éditions Contre-Dires, 2018.

Le Petit Oracle de Gaïa, illustrations de Célia Melesville, éditions Contre-Dires, 2019.

Messages de guérison de l'Égypte ancienne, illustrations de Célia Melesville, éditions Contre-Dires, 2020.

Cahier de voyage magique pour découvrir le monde des fées, illustrations de Célia Melesville, éditions Contre-Dires, 2021.

Envolées sauvages, illustrations d'Éva Pierrot, WILD Éditions, 2021.

Merry Christmas Oracle Lenormand, illustrations de Célia Melesville, WILD Éditions, 2021.

Le Tarot égyptien, illustrations de Christophe Merlin, *Elle Divinatoire*, hors-série n° 40, juin-juillet 2022.

Le Petit Oracle de la fée Morgane, illustrations d'Eve Korrigan, éditions Contre-Dires, 2022.

Le Tarot indien, illustrations d'Anne-Lise Boutin, *Elle Divinatoire*, hors-série n° 49, juin-juillet 2023.

Gloomy Lenormand, illustrations d'Éva Pierrot, Célia Melesville Studio, 2023.

Le Tarot arthurien, illustrations d'Ana Tourian, éditions Contre-Dires, 2023.

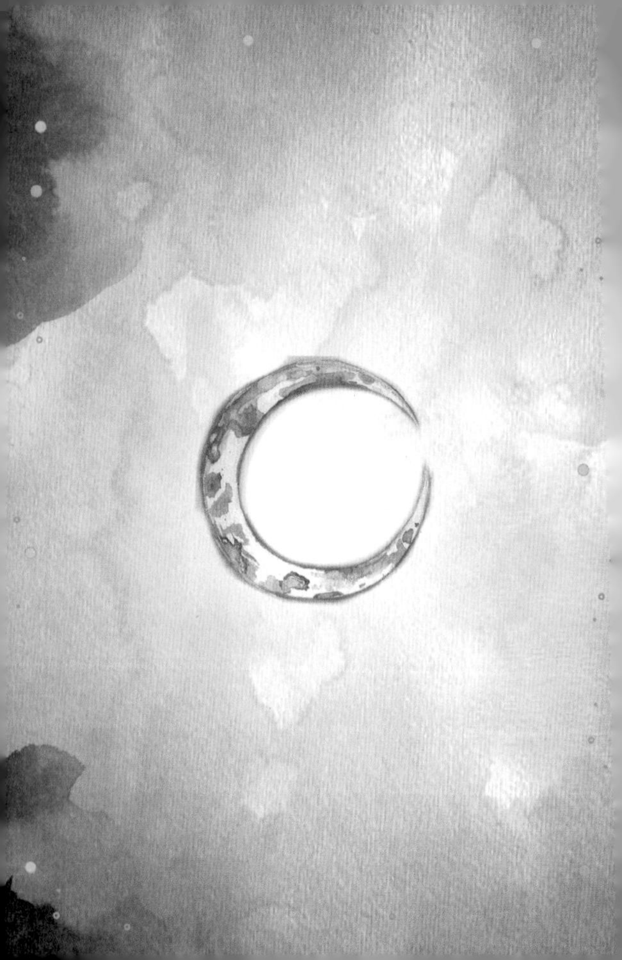

À propos d'Éva Pierrot

Éva Pierrot est une artiste-peintre qui laisse vagabonder sa créativité au rythme de sa sensibilité et de ses émotions. Lorsqu'elle crée, elle franchit la porte de l'obscurité pour plonger dans une douce mélancolie de laquelle elle retranscrit la beauté et la poésie. Son talent s'exprime dans son amour pour les cartes, mais aussi en tant qu'artiste funéraire lors de la création d'aquarelles de deuil.

Rertouve-la sur :
@evasaorsa
@eva.saorsa

Autres ouvrages d'Éva Pierrot

Envolées sauvages, textes Claire Duval, WILD Éditions, 2021.

Gloomy Lenormand, textes de Claire Duval, Célia Melesville Studio, 2023.

pca
cmb
édition pré-presse
livres numériques

44400 Rezé